श्रीनिवास शीलवंत राऊत

Geeta Shreeniwas

Sharāyan
(Shreeniwas Sheelawant Raut)

Copyright © Shreeniwas Sheelawant Raut 2023
All Rights Reserved.

ISBN 979-8-88935-849-7

This book has been published with all efforts taken to make the material error-free after the consent of the author. However, the author and the publisher do not assume and hereby disclaim any liability to any party for any loss, damage, or disruption caused by errors or omissions, whether such errors or omissions result from negligence, accident, or any other cause.

While every effort has been made to avoid any mistake or omission, this publication is being sold on the condition and understanding that neither the author nor the publishers or printers would be liable in any manner to any person by reason of any mistake or omission in this publication or for any action taken or omitted to be taken or advice rendered or accepted on the basis of this work. For any defect in printing or binding the publishers will be liable only to replace the defective copy by another copy of this work then available.

DR SHREENIWAS SHEELAWANT RAUT

MBBS, MD MEDICINE, FELLOWSHIP OF FAMILY MEDICINE, DM ONCOLOGY,

MBA STATEGIC MANAGEMENT, HON. DOC. HSCT.

थोडक्यात...

शरायन (टोपणनाव), डॉ. श्रीनिवास शीलवंत राऊत एके दिवशी दैनंदिन जीवनामध्ये स्तब्ध होतो. तो गोंधळ आणि गैरसमजांनी घेरला जातो. त्याला असे वाटते की, तो योग्य शब्दांमध्ये संवाद साधण्यास असमर्थ आहे, योग्य प्रकारे पुढे जाण्यास असमर्थ आहे, योग्य प्रकारे लोकांना पटवून देऊ शकत नाही. येथेच तो अर्जुन आणि कृष्ण दोघांना भेटतो. संस्कृतमधील संभाषण स्थानिक भाषेत सांगणे कठीण आहे, एकतर विस्तृत असल्यामुळे किंवा अवघड असल्यामुळे. तो संक्षिप्त सोप्या काव्यात्मक मराठीत रुपांतर करतो, जेणेकरून कोणीतरी ते दररोज वाचू शकेल. मग तो विचार करतो, अनेकांना खरंतर हिंदी समजते आणि बहुतांश जगाला इंग्रजी समजते. अशा प्रकारे गोष्टी प्रेरणा, प्रवाह आणि उत्कट प्रेमातून जातात, अर्थात महाकाली, सरस्वती आणि श्रीलक्ष्मी.

सारांश मे...

शरायन (उपनाम), डॉ. श्रीनिवास शीलवंत राऊत रोज़मर्रा के जीवन में अवरुद्ध हो जाता हैं। वह भ्रम और गलतफहमियों से घिर जाता है। उसे लगता है कि वह सही शब्दों के साथ संवाद करने में असमर्थ है, सही कार्यों के साथ आगे बढ़ने में असमर्थ है, सही लोगों को मनाने में असमर्थ है। यहां उसकी मुलाकात अर्जुन और कृष्ण दोनों से होती है। संस्कृत में हुई बातचीत व्यापकता या जटिलता के कारण स्थानीय भाषा में व्यक्त करना कठिन है। वह संक्षिप्त सरल काव्यात्मक मराठी में रुपांतर करता है, ताकि कोई इसे दैनिक रूप से पढ़ सके। फिर वह सोचता है, वास्तव में बहुत से लोग हिंदी जानते हैं और दुनिया के अधिकांश लोग अंग्रेजी जानते हैं। इस प्रकार चीजें प्रेरणा, प्रवाह और भावुक प्रेम के साथ चलती हैं। जैसे की, महाकाली, सरस्वती और श्री लक्ष्मी।

In short...

Sharāyan (pen name), Dr. Shreeniwas Sheelawant Raut gets blocked in day to day routine life. He gets surrounded by confusion and misunderstandings. He feels that he is unable to communicate with right words, unable to proceed with right actions, unable to convince right people. Here he comes across arjuna and krishna both. He picks up their conversation in Sanskrit which is difficult to convey in local language. For layman, it is either extensive or complex. He transforms it in concise simple poetic Marathi, so that someone is able to read it daily. Then he thinks, many people actually know hindi and most of world knows english. Thus things go with inspiration, flow, and passionate love viz. mahakali, saraswati and Sri lakshmi.

प्रस्तावना...

तुमच्यातला अर्जुन कधी कधी संभ्रमात पडतो की काय करावं आणि काय करू नये. काय बरोबर आणि काय चूक हे त्याला कळत नाही. हे फक्त कारण की अर्जुनाला माहित नाही, कृष्ण त्याच्या आत आहे. तो सर्वत्र कृष्णाचा शोध घेत राहतो. तीच समस्या आहे.

बहुतेक लोकांकडे भगवद्गीतेची आवृत्ती आहे. पुष्कळ लोक तो ग्रंथ वाचण्याऐवजी त्याची पूजा करतात. ते सहसा त्याच्या आकार आणि जटिलतेबद्दल चिंतित असतात. काही लोक एकदा वाचतात, पण वेळेच्या कमतरतेमुळे त्यांची इच्छा असूनही ते पुन्हा वाचू शकत नाहीत. गीता चहा घेतानाही वाचनीय, आनंदाच्या समयी भेटवस्तू सारखी आणि प्रवासात बरोबर नेता यावी अशी करण्याचा हा प्रयत्न आहे. प्रेमाचा देव हा जास्त ज्ञान आणि बुद्धीचा देव आहे. तो दान, उपवास किंवा तपश्चर्याने मिळू शकत नाही.

महाकाली, सरस्वती आणि श्री लक्ष्मी यांचे आभार, ज्यांच्याशिवाय मी लिहू शकलो नसतो.

शरायन/श्री-निवास

प्रस्तावना...

आपके भीतर का अर्जुन कई बार इस बात को लेकर असमंजस में रहता है कि क्या करें और क्या न करें। वह नहीं जानता कि क्या सही है और क्या गलत। यह सिर्फ इसलिए है क्योंकि अर्जुन नहीं जानता कि कृष्ण उसके भीतर हैं। वह हर जगह कृष्ण को ढूंढ रहा है। यही दिक्कत है।

अधिकांश लोगों के पास भगवद्गीता का एक संस्करण होता है। कई लोग इसे पढ़ने के बजाय इसे एक पवित्र पुस्तक के रूप में पूजते हैं। वे आमतौर पर इसके आकार और जटिलता को लेकर चिंतित रहते हैं। कुछ लोग एक बार पढ़ तो लेते हैं, लेकिन चाहकर भी दोहरा नहीं पाते, केवल समय की कमी के कारण। यह चाय के समय भी पढ़ने योग्य, खुशी के समय उपहार देने योग्य और यात्रा के समय वहनीय बनाने का प्रयास है। प्रेम का परमेश्वर कहीं अधिक ज्ञान और बुद्धि का देवता है। वह दान, व्रत या तप से प्राप्त नहीं हो सकता।

महाकाली, सरस्वती और श्री लक्ष्मी को धन्यवाद, जिनके बिना मैं संरेखित नहीं कर सकता था।

शरायन/श्री-निवास

Preface...

Arjuna within you is many times confused about what to do and what not to do. He does not know what is right and what is wrong. This is just because, arjuna does not know that krishna is within him. He is searching krishna everywhere else. That is the problem.

Most people have a version of bhagwatgeeta with them. Many worship it as a holy book rather than reading it. They are generally worried about its size and complexity. A few manage to read once but can't repeate even if they are willing, just because of lack of time. This is an attempt to make it readable even during tea time, giftable during happiness, and carriable during travel time. God of love is far more god of knowledge and wisdom. He cannot be achieved with donation, fasting or penance.

Thanks to Mahakali, Saraswati and Sri lakshmi, without whom i could not align.

Sharāyan/Shree-Niwas

समर्पण/Dedication

माझ्यात राहणाऱ्या त्या कुणाला,
मायेत अडकलेल्या त्याच कुणाला,
काळाच्या बंधनात कुणी शुद्ध हरपतो.
तर कुणी रहस्य उघड करतो.
पण प्रेम सर्व अडथळे पार करून जाते...

किसी के लिए जो मुझमें रहता है।
माया के कारण मुझे नहीं जानता है।
कोई समय के आगोश में खो जाता है।

कोई रहस्योद्घाटन कर देता है है।
लेकिन प्रेम सभी बाधाए पार कर जाता है।...

To someone who lives in me,
Due to illusion doesn't know me,
Someone is lost in reincarnation,
Someone makes revelation.
But love crosses all hurdles…

शरायन Sharāyan
श्री-निवास Shree-Niwas

महाकालीच्या प्रेरणेने, सरस्वतीच्या कृपेने

श्री लक्ष्मी च्या सहकार्याने श्रीनिवासाच्या लेखणीने

जे भगवद्गीता वाचू शकले, त्यांच्यासाठी स्मरण लहान

ज्यांनी अजून वाचली नाही त्यांच्यासाठी हा प्रयत्न महान [1]

अर्जुन म्हणाला,

नको राज्य, नको हिंसा, नको स्वर्ग, परमेश्वरा.

नको वैर नको युद्धा, रक्तसांड ही नको मला.

हा मला पुत्रवत, हा माझा वडीलधर,

हा नाती गणगोत, हा हि आहे माझाच खरा. [2]

काय करू सांडून रक्त, होईल धरती चिखल भरा.

मी सुद्धा जाईन मरुनी, मारून त्यांना उगा उगा.

लटलट हात कापती माझे, डोके होते सैरभरा.

गळून गेले शरीर सारे, शस्त्र टाकून मी असा उभा. [3]

श्रीकृष्ण म्हणाला,

थांब अर्जुना, शोक कशाचा? समजलास तू शरीर कुणा?

कोण आहे जो मरत नाही, जन्मास येऊन या जगता?

दुबळेपण हे क्षुद्र मनाला, संयम करतो शांत तया.

कासव ओढून कवचात घेतो, कठीण वेळी हात पगा. [4]

देहभान टाकून पहा, आत माझाच दैवगुणा.

अविनाशी मी आत राहतो, आत्मा म्हणून तू जाण तया

मीच जन्मीतो मीच मारतो, मरतो मी, येतजात पुन्हा

तू का अधीर, का दुःखी, तुझा यात काय गुन्हा? [5]

शरीर निरंतर कधीच नाही, आत्मा आहे अमर परा.

जाण तयाला, जाण स्वतःला, जाणून घे तू आज मला.

इंद्रिय बुद्धी मन हे चंचल, नेत माणसा सैरभरा.

बांध मनाला माझ्यालागी, हाच शेवटी मार्ग उरा. [6]

कुणी कधीच नष्ट ना झाला, जो तो नेहमी विचरत होता.

शरीर पाहतोस व्यक्तकरा, अव्यक्त असतो अशरिरा.

बाल, तरुण, वृद्धअवस्था, मोह नसावा जाण करा.

शीत उष्ण सुख दुःख नश्वर, जाणून सारे सहन करा [7]

शरीर बदलते कापडयालागी, आत्मा नित्य प्रवासकरा.

भिजत नसे कि सुकत नसे हा, तुटत नसे, ना दहनकरा

ज्ञान योग हा, कर्म योग हि, सांगतो ऐक आज तुला

सोडून आशा कर्म करावा, फळ हे नाही तुझ्या मना [8]

कर्मयोगी हा निश्चयबुद्धी, कर्मरती निष्काम गुणसिद्धी

पाप पुण्य समसमान शुद्धी, प्रीत भय क्रोधात स्थिरबुद्धी.

विषय असे इंद्रियनिवासी, विषयात होते मोहासक्ती

रोखून धरता क्रोध जागतो, मग बुद्धिनाश हो अंतकरा [9]

अस्थिरबुद्धी अशान्तकारी, आस्तिक बुद्धी शांतकरा.

जग झोपे तेव्हा जागे योगी, भोग हि निद्रा त्यास विषा.

सोडून इच्छा ममता गर्वी, शांत आत्मा ब्रह्मकरा.

संयमशक्ती पाहतो आत्मा, ब्रह्म जाणतो जाणकरा [10]

कर्मयोग हा करत राहावा, त्यागून सारी निष्क्रियता.

यज्ञ अनुसरून भोग करावा, यज्ञदेवा करून स्वाहा

सहज कर्म करत राहावे, दोषयुक्त जरी असता,

आरंभ सारेच दोषवत, अग्नित धूर पाहतोस जसा. [11]

इंद्रियांहून मन बलशाली, मनाहून बुद्धी असे बला

बुद्धीहून आत्मा मग परमात्मा, इंद्रिय दमून शांत करा.

जेव्हा होई धर्म विनाश, त्या त्या वेळी मी येतो पुन्हा,

सज्जन करुण्या दुर्जन हरण्या, येतो जातो पुन्हा पुन्हा [12]

 गीता श्रीनिवास

मीच शिकविला सूर्यालाही, सूर्याने मनूला, इक्ष्वाकुला.

ज्ञानयोग हा पूर्ण सनातन, तरी सांगतो ऐक आज तुला.

सगळी कर्मे माझ्यात अर्पून, कर्मरहित तू होत राहा,

बंधन नाही कर्माचे, ज्ञानयज्ञ तू करत राहा. [13]

कर्मयोग हा रहाटगाडा, फळ सोडून फिरत राहा.

कर्मसंन्यासयोग सुद्धा, तेच फळ देतो अंततः.

पाण्यात राहून कमळ पान, भिजत नाही कधिचंसुद्धा,

भोगत संसार स्थिरबुद्धी, कर्म अलिप्त तू होत राहा [14]

राग द्वेष त्यागून मनाचा, कर्तेपण तू विसरत जा,

अज्ञानाचा पडदा सारून, सुर्यासम तू तेजत जा

पंडित गाय हत्ती कुत्रा, चांडाळ सुद्धा समान पहा

होऊन तू समभावी स्थिर, संसार युद्ध लढत राहा. [15]

प्रिय अप्रिय समान ज्याला, काम क्रोध मावळला,

यज्ञ तपांचा भोक्ता, परमेश्वर त्याला कळवळला.

कर्मफळाचा त्यागी जो, तोच योगी संन्यासी हो,

अग्नित्यागी ना संन्यासी, क्रियायोगी ना योगी हो. [16]

निष्काम कर्म योगारूढ करतो, संकल्पत्याग कल्याण,

मन इंद्रियजित मित्र बनतो, मन इंद्रियाधीन वैरी बनतो.

सर्व जिवात मला जो पाही, माझ्यात सर्व सजीवही पाही,

अदृश्य त्याला मी कधीच ना, मलाही तो अदृश्य नाही [17]

मला स्मरून जो कर्म करतो, क्षुद्र असो वा, अधम नीच,

तो सुद्धा साधुत्व मिळवतो, सत-सज्जन त्यात विसवतो.

आत्म्याचा उद्धार प्रयत्नरत, अधोगतीला कधी ना जातो.

योगभ्रष्टही स्वर्गसुख घेतो, वैराग्यशील ज्ञानी होतो. [18]

पुन्हा पुन्हा प्रयत्न जो करतो, समत्व बुद्धीस तो धरतो.
तपस्वी आणि शास्त्रज्ञानी, दोघांहून मोठा योगी होतो.
हजारांत एक मज भजतो, त्यातून हि एखाद्याला कळतो.
पृथ्वी जल अग्नी वायू आकाश, मन अहं बुद्धी अचेतो [19]

चेतन रूप माझे दुसरे, ज्यायोगे मी जीवन धरतो.
अचेतन आहे जरी अपरा, चेतन रूप परा साकरतो.
या दोन्ही प्रकृतीतून उपजतो, उत्पत्ती अन प्रलयही होतो.
दोऱ्यात माळ ओवावी तैसा, माझ्यात मी विश्व गुंफतो [20]

पाण्यात रस तेजात प्रकाश वेदात ओम, शब्द आकाशात
पुरुषात पौरुष पृथ्वीत गंध तपस्व्यांत तप जीवन सजीवात
आसक्तिरहित बलवानात बल, मी, धर्मास अनुकूल काम,
सत्व रजस तम् हि माया, माझ्यातून निर्मित मी नाही त्यांत. [21]

असुर अज्ञानी मायावश, मला न भजता मूढ म्हणवतो
अर्थार्थी, आर्त, जिज्ञासू ज्ञानी, चार प्रकारे भक्त बोलवतो
या चौघात ज्ञानी सर्वोत्तम, माझेच सत्चितरूप तो बनतो
सकाम भक्ती जो करतो, नश्वर फळ लवकर घेतो. [22]

निष्काम कर्म जो आचरतो, ब्रह्म कर्म अध्यात्म समजतो.
अधिभूत अधिदैव अधियज्ञ यासम, मला ना कधी विसरतो
ब्रह्म हे अविनाशी आहे, स्वरूप दर्शन अध्यात्म.
कर्म आहे स्वभाव जीवाचा, पदार्थ नश्वर अधिभूत. [23]

पुरुष अधिदैव म्हणवतो, मीच अधियज्ञ वसवतो,
अंत:काळी मला जो स्मरतो, माझ्यातच तो निर्गत होतो.
अंत:काळी जो ज्याला स्मरतो, त्या स्वरूपाला तो मिळतो
ओम या अक्षराला स्मरुनी, योगी परम गतीला जातो. [24]

ब्रह्मलोकापर्यंत जो तो, पुनर्जन्म घेतच राहतो,

मला जो मिळतो, स्थैर्य पावतो, ना जन्म ना मृत्यू येतो.

ब्रह्मदेवाच्या सकाळी सूक्ष्मातून, सर्व जीवांचा जन्म होतो.

ब्रह्मदेवाच्या रात्री जीवांचा, शेवटी पुन्हा सूक्ष्म अणू होतो. [25]

परम गतीला जो जो मिळतो, तो कधीच नष्ट ना होतो,

तेच स्थान अव्यक्ताचे, तिथून कुणी ना कधी परततो.

शुक्लपक्षात मृत्यू ज्याचा, तो ब्रह्माला पावन होतो.

कृष्णपक्षात जो मरतो, तोच पुन्हा जन्म पावतो. [26]

कल्पांती माझ्यात विरलेले, कल्पारंभी जन्मी देतो.

कर्माच्या मायेने पराधीन जीव, कर्मानुसार पुनर्जन्म घेतो.

कर्मासक्ती नसल्याने, कर्मबंधन नाही मला,

मुर्खाला मी समजत नाही, ज्ञानी विसरत नाही मला. [27]

जगाला धारण करणारा, पालनपोषण करणारा,

कर्माचे फळ देणारा, वेदातील मी परम पिता.

तापणारा सूर्य वर्षणारा पाऊस अमर मृत सत - असता,

सकाम निष्काम पूजा दोन्ही, मी दोन्हीचा उपभोक्ता. [28]

मला अर्पित पान फुल फळ, जल सुद्धा मी स्वीकरतो.

स्त्री वैश्य शूद्र चांडाळ, यांनाही परम गती देतो.

पुण्यवान ब्राह्मण, राजर्षी, भक्त यांची मग काय कथा?

जो मज स्मरतो, स्वतः ना उरतो, माझ्यात मुरतो, उध्दरतो. [29]

माझी उत्पत्ती आणि लीला, ना देव जाणतो ना महर्षी

मी अजन्मा अविनाशी अनादी, अज्ञानाचा मारक मी.

सर्व जिवात आत्मा, चेतना, आदी मध्य आणि अंतही.

वृक्षामध्ये पिंपळ, गायींमध्ये कामधेनू मी. [30]

अदितीच्या पुत्रांत विष्णू, रुद्रांमध्ये शंकर मी,

क्षत्रियांमध्ये राम अन, दैत्यांमध्ये प्रल्हाद मी.

पशूंमध्ये सिंह, पक्ष्यांमध्ये गरुड मी,

पर्वतांत हिमालय, नद्यांमध्ये गंगा मी. [31]

विद्यांमध्ये अध्यात्म, मुनींमध्ये व्यास मी,

कवींमध्ये शुक्र, ऐश्वर्य कांती शक्ती मी.

नाश करणारा महाकाल, या सर्वांचा संहारकही मी,

तू युद्ध करशील वा नाही, तरी यांना संपवलंय मी. [32]

तू आहेस निमित्त मात्र, पुढे होऊन कर युद्धा,

कर्माची आसक्ती सोडून, निष्काम कर्म करत राहा

वेदाने तपाने दानाने यज्ञाने, माझी जाण अशक्य परा

भक्तीने माझे दर्शन सोपे, म्हणून सदा भक्तीत राहा. [33]

माझ्यासाठी कर्मे जो करतो माझ्यात आश्रित आसक्तीविना
कुणाशीही वैर ना धरतो, अनन्य होऊन मिळतो मला.
सगुण असो वा निर्गुण, भक्ती अंती मिळे मला.
सगुण हि सोपी निर्गुण अवघड, सगुण भक्ती करत राहा. [34]

अभ्यासाहून ज्ञान महान ज्ञानाहून ध्यान त्याहून फलत्याग
त्यागातून मिळते शांतीसुख, त्या सुखात रममाण राहा
हे शरीर आहे एक क्षेत्र, क्षेत्रज्ञ जाणतो शरीराला,
विकारांसह प्रकृती पुरुष, अध्यात्म होई सौख्यकरा. [35]

नित्य स्थिती परमात्मा, त्यास पाहणे ज्ञानकरा.
झाकून डोळे जो कर्म करतो, सर्वोपरी अज्ञानपरा.
साऱ्या जीवांची उत्पत्ती, मी आणि माझी प्रकृती,
बाप माय तू जाणून घे, हीच आहे परम गती. [36]

 गीता श्रीनिवास

सत्त्व रज आणि तम् हे आहे, मानवाचे त्रिगुणरूपा.

जेव्हा पडशील बाहेर यातून, बघशील माझ्या मूळरूपा.

वर मुळे खाली शाखा, संसार वृक्ष उलटा -सुलटा

परमात्यातून उगम बीज, जीवांमध्ये फांदीपसरा. [37]

काम क्रोध लोभ हे त्यागून, जाणून द्वारे नरकाची

जीवन जगतो, होतो अर्पण, माझ्यात होते अंतगती.

श्रद्धा नसता केलेले, दान तप आहे अ-सता,

इहलोकीही नाही पुण्य, प्राप्त ना होतो परलोका. [38]

सोडून कर्म फळ आसक्ती, यज्ञ दान तप जो करतो

कर्मफलसंन्यासी होतो, योगी होऊन पावन होतो,

ईश्वर हा सर्व जीवांच्या, हृदयातच निरंतर वसतो,

भ्रमित होऊन प्रत्येक जीव, मायाधीन यंत्रावर फिरतो. [39]

सर्व कर्म करताना, जो स्वतःला हि अर्पण करतो

शोकातून तो मुक्ती घेतो, मीच त्याला परम पद देतो.

तुझ्या हाती आहे फक्त कर्म, शांत मनाने करत राहा.

संसार आहे प्रतिक्षण युद्ध, त्या युद्धात लढत राहा. [40]

कर्तव्य हेच ध्येय, कर्तव्य हाच मार्ग.

कर्तव्य ही विश्रांती, कर्तव्य हाच शेवट.

कर्तव्य हे केंद्र, कर्तव्य हाच परिघ.

कर्तव्य हा ईश्वर आणि कर्तव्य हाच स्वर्ग. [41]

* * *

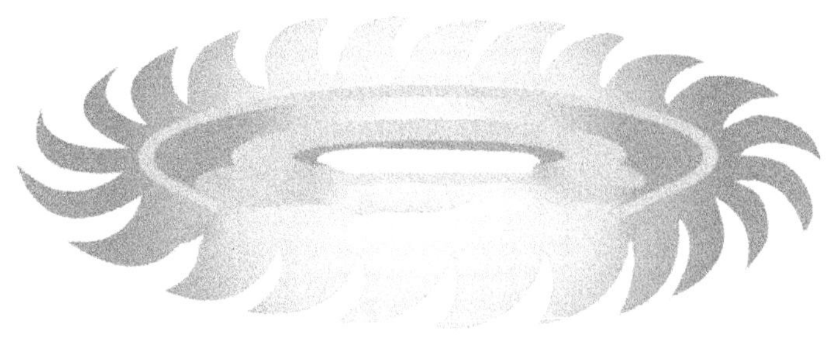

महाकाली की प्रेरणा से, सरस्वती के सन्निवास से।

श्री लक्ष्मी के सहयोग और श्रीनिवास के विश्वास से।

जो भगवदगीता पढ़ चुके है, उनके लिये यह न्यास है।

जिन्होंने अब तक न पढ़ा हो, उनके लिए प्रयास है। [1]

अर्जुन ने कहा,

नही चाहिये विजय - राज्य, भोग न चाहे पार्थ।

नही चाहिये युद्ध, और रक्तपात का चरितार्थ।

यह मेरा सगा - सहोदर, वह भी मेरा हितार्थ।

मेरे प्रभू मुझे बचालो, कर दो मुझे कृतार्थ। [2]

रक्त बहाकार क्या मिलेगा, जब बह जायेगा प्यार।

जीते जी मर जाऊंगा, न रहेगा कोई यार।

हाथ पैर फूल रहे है, मस्तक में अंगार।

शस्त्र त्यागकर मैं खड़ा हूं, बीच मझधार। [3]

श्रीकृष्ण ने कहा,

रुको अर्जुन, दुःख क्या है? युद्धक्षेत्र में सुख क्या है?

कौन आया जो इस जगत में, मृत्यु से बच पाया है।

दुर्बलता ग्रस लेने पर, जो तू संयम खोया है।

जिसको तू नित्य समझता, वह शरीर एक साया है। [4]

आभास त्यागकर देखो, हर ओर मोह - माया है।

अविनाशी मैं अंदर रहता, बाहर सिर्फ काया है।

मैं ही जीता, मैं ही मरता, तुमने क्या पाया क्या खोया है?

तुम क्यों अधीर और उदास, मन क्यों घबराया है? [5]

शरीर स्थायी कभी नहीं, आत्मा चिरंतन रहता है।

जान लो तुम उसको, अनजान ही पछताता है।

इन्द्रिय बुद्धि मन चंचल, मनुष्यको भटकाता है।

अपने मनको मुझसे बांध लो, यही आखरी न्योता है। [6]

कोई कभी भी नष्ट न होता, बस विचरण करता रहता है।

जिसे शरीर है दिखता रहता, अशरीर अनदेखा होता है।

बालक - युवा - वृद्ध अवस्था जानकर, जो मोह ना पाता है।

शीत - उष्ण सुख - दु:ख सब, नश्वर जानकर सहता है। [7]

शरीर बदलता वस्त्र भांति, 'आत्मा' नित्य यात्री है।

यह न भीगता न सूखता, न टूटता, न जलता है।

'ज्ञानयोग' यह, 'कर्मयोग' भी, आज तुम्हे बतलाता हूँ।

छोड़ अपेक्षा कर्म करना, फल अधिकार में न होता है। [8]

कर्मयोगी है निश्चयबुद्धी, कर्मरती निष्काम गुणसिद्धी।

पाप - पुण्य में समान शुद्धी, प्रीत भय क्रोध में 'स्थिरबुद्धि'।

विषय है इंद्रिय निवासी, विषयों से होती मोह - आसक्ति।

सम्मोह से क्रोध हो जाता, फिर बुद्धिनाश हो जाता है। [9]

अशांत मन बेचैन करेगा, विश्वासी मन करे शांत।

जग सोए तो जागे योगी, भोग है निद्रा एकांत।

इच्छा - ममता - अभिमान त्यागकर, ब्रह्मको गाँठ।

संयम आत्मा को दिखलाता, कर देता ब्रह्मान्त। [10]

सभी संदेह त्यागकर, 'कर्मयोग' को करना है।

यज्ञ - अनुसार भोग लगाकर, यज्ञदेव को रीझना है।

कर्म सदोष होने पर भी, सहजता से करना है।

जैसे अग्नि में धुआँ, हर आरम्भ में दोष का रहना है। [11]

मन इन्द्रियों से बलवान, मन से बुद्धि बलशाली है।

बुद्धि से आत्मा, फिर परमात्मा, इन्द्रिय दमन में शान्ति है।

जब - जब हुआ धर्मविनाश, मेरा आना - जाना है।

सज्जन को तर दुष्ट हराना, पुनःपुनः दोहराना है। [12]

मैंने सूर्य को सिखलाया, मनु - इक्ष्वाकु ने अपनाया है।

'ज्ञानयोग' है चिर सनातन, आज तुम्हे फिर बतलाना है।

कर्मों को मुझमें अर्पण कर, तुझे कर्मरहित बन जाना है।

कर्म का बंध जब टूटे, 'ज्ञानयज्ञ' स्थापित होना है। [13]

'कर्मयोग' के रथ सवार जो, फल त्यागकर चलता है।

कर्मसंन्यास योग से भी, अंत यही फल पाता है।

जल में रहकर कमलपत्ता, कभी न भीग पाता है।

स्थिर मन जो जीता, कर्म से अलग हो जाता है। [14]

क्रोध - द्वेष - सम्मोह त्यागकर, अहंकार को खोना है।

अज्ञान के परदे को हटाकर, सूर्य को चमकाना है।

पंडित - गाय - हाथी - कुत्ता - चांडाल सब को संजोना है।

स्थिरबुद्धि होकर ही, विश्वयुद्ध को ढोना है। [15]

प्रिय - अप्रिय वैसे ही जिसको, काम - क्रोध मिट जाता है।

यज्ञदेवता भी उसको, सीने से लगवाता है।

जो कर्मफल का त्यागी, वह सन्यासी - योगी है।

अग्नित्याग से न सन्यासी, क्रियायोग से न योगी है। [16]

निष्काम कर्म योगमय करता, संकल्पत्याग कल्याण।

मन ही मित्र जब वशित हो, मन बैरी जब हैवान।

जो सबको मुझमें ही देखे, जो मुझमें सब को ले जान।

लुप्त नहीं हूं मैं उस को, वह भी मुझको न अनजान। [17]

मुझे याद कर कर्म जो करता, दुर्जन हो या नीच।

वह भी फिर साधु बन जाता, दुष्कर्मों के बीच।

आत्मा के उद्धार की कोशिश, खुद को ऊपर खिंच।

योगभ्रष्ट भी स्वर्गसुख लेता, वैराग्य ले ज्ञान को सींच। [18]

जो बार - बार कोशिश करता, समभाव ज्ञान जो रखता है।
तपस्वी और वैज्ञानिक, दोनों से बढ़कर योगी होता हैं।
हजारो में एक सोचता, कोई एक कर पाता है।
पृथ्वी - जल - अग्नि - वायु - आकाश, मन - अहं - बुद्धि
अचेता है। [19]

चेतन रूप मेरा दूजा, जो जीव धारणा करता है।
अपरा अचेतन होते हुए भी, चेतन परा बन जाता है।
इनसे प्रकृति जन्म लेति, उत्पत्ति - विनाश भी होता है।
एक धागे की तरह मुझमे, ब्रह्मांड बुन जाता है। [20]

जलमें रस, दीप्ती ओज में, वेदों में ओम, शब्द व्योम में।
पुरुष में पौरुष, गंध पृथ्वी में, मुनियो में तप, बीज सजीव में।
निर्लिप्त बल, धर्म काम में, तेज अग्नि मे, बुद्धि चतुर में।
सत्त्व - रज - तम इस माया में, मुझसे निर्मित पर मैं न
इनमें। [21]

असुर - अज्ञानी - मायावश, मूर्ख बनकर खोता है।

अर्थार्थी - आर्त - जिज्ञासु - ज्ञानी, चार भक्त बुलाता है।

चौथा ज्ञानि जो पूर्ण रूपसे, मुझमें ही समाता है।

जो सकाम भक्ति में लित, नश्वर फल वह पाता है। [22]

जो निष्काम कर्म करता, ब्रह्म अध्यात्म अपनाता है।

अधिभूत - अधिदैव - अधियज्ञ जानकर, मुझे न भूल पाता है।

ब्रह्म अविनाशी होकर भी, जीव अंधकार में सोता है।

कर्म है स्वभाव सजीव का, हर पदार्थ अधिभूत में आता है। [23]

पुरुष अधिदैव कहलाता, अधियज्ञ खुद ईश्वर है।

जो अन्तकाल में मुझे स्मरे, वह मुझमे ही तत्पर है।

स्मरण जिसे कर शरीर त्यागता, गंतव्य उसपर ही निर्भर है।

'ॐ' अक्षर का स्मरण कर, योगी उच्चतम स्तरपर है। [24]

ब्रह्मलोक तक हर कोई, पुनर्जन्म लेता है।

मुझे प्राप्त स्थिर हो जाता, न जन्म न मृत्यु पाता है।

ब्रह्माके प्रात: सूक्ष्म जगत से, जीव जन्म लेता है।

ब्रह्माकी रात्रि में जीव अन्तत:, सूक्ष्म अणु बन जाता है। [25]

जो परमगति प्राप्त कर लेता, कभी न नष्ट होता है।

अव्यक्त में समाया, कभी न लौट आता है।

'शुक्लपक्ष' में मृत्यु पाता, ब्रह्ममिलित हो जाता है।

'कृष्णपक्ष' में जो मरता, पुनः जन्म हो जाता है। [26]

कल्पांत में मुझमें समाया, कल्पारम्भ में जीवित होता है।

माया के प्रभाव में, कर्मअनुसार पुनर्जन्म लेता है।

कर्म से लिप्त नहीं हूं मैं, मुझे कर्म न बांध पाता है।

मूर्ख मुझको नहीं समझता, ज्ञानी भूल न पाता है। [27]

जग को धारण करता, पालनपोषण करता।

कर्मफल का दाता हूँ, मैं वेदों का परमपिता।

तपता सूरज, घनघोर बारिश, अमर - मृत, सत - असता।

सकाम - निष्काम पूजा दोनों, मैं दोनों का उपभोक्ता। [28]

मुझे अर्पित पत्ते - फूल - फल - जल स्वीकृत करता।

स्त्री - वैश्य - शूद्र - चांडाल, सब को परमगति देता।

फिर गुणवान ब्राह्मण, राजऋषि, भक्त क्या कहता?

जो मुझे याद करता, मुझमें ही बस जाता। [29]

मेरी उत्पत्ति और लीला, संयोगवश बन जाता हूँ।

मैं अजन्मा - अविनाशी, खुली एक पहेली हूँ।

सभी सजीवो मे चेतना, आदि - मध्य - अंत मैं ही हूँ।

वृक्षों में 'पीपल' छाया, गायों में 'कामधेनु' मैं ही तो हूँ। [30]

अदिति के पुत्रों में 'विष्णु', रुद्रों में 'शंकर' भी हूँ।

क्षत्रियों में 'राम' और दैत्यों में 'प्रह्लाद' भी हूँ।

प्राणियों में 'सिंह', पक्षियों में 'गरुड़' भी हूँ।

पहाड़ों में 'हिमालय', और नदियों में 'गंगा' भी हूँ। [31]

विज्ञानों में 'अध्यात्म', ऋषियों में 'व्यास' मैं हूँ।

कवियों में 'शुक्र', ऐश्वर्य - कान्ति - शक्ति मैं हूँ।

मृत्यु का कंकाल, इन सबका संहार 'महाकाल' मैं ही हूँ।

बिना तुम्हारे इन सब का 'अंतःकाल' भी मैं ही हूँ। [32]

तुम हो ही केवल नाममात्र, क्षत्रिय सिर्फ युद्धके पात्र।

'कर्मयोग' के बनकर छात्र, मुझमें बस जाओ एक मात्र।

वेदों से - तप से - दान - यज्ञ से, मेरी समझ असंभव है।

भक्ति से मेरे दर्शन सहज, ज्ञानी भक्ति में लीन रहे। [33]

मेरे लिए कर्म जो करता, मुझमें आश्रित आसक्ति - बिना।

किसी शत्रु से रुख नहीं रखता, मुक्त हो जाता कष्ट - बिना।

सगुण हो या निर्गुण हो, भक्ति मुझको ही पाती है।

सगुण सहज है, निर्गुण कठिन, सगुण श्रेय कहलाती है। [34]

अध्ययन से ज्ञान परम, ध्यान से फलत्याग परम।

त्याग से सुखशांति है, उस में तुम सुखी रहो।

यह शरीर एक क्षेत्र है, 'क्षेत्रज्ञ' बनकर रहो।

विकार - प्रकृति - पुरुष जान, अध्यात्म में तुम जुटे रहो। [35]

शाश्वत सिर्फ परमात्मा, उसे देखना ज्ञान।

आंख बंद कर कर्म, वह परम - अज्ञान।

प्राणियों की उत्पत्ति, मैं और मेरी प्रकृति।

पिता - माता तुम जान, परमगति यह ज्ञान। [36]

सत्त्व - रज - तम, मनुष्य त्रिगुण है।

यम - नियम कठीन, पर सहज भक्ति है।

ऊपर जड़ नीचे शाखाएं, उल्टा जीवनवृक्ष है।

ईश्वर से बीज निकलता, और सजीवो में शाखा है। [37]

काम - क्रोध - लोभ त्यागकर, नरकद्वार जो होते है।

जीवन जीता मुझमें रहकर, अंतमें मुझमें ही मिलता है।

बिना श्रद्धा किया दान - तपस्या भी निष्फल है।

इहलोक में भी पुण्य नहीं, परलोक भी न फलता है। [38]

'कर्मफल' का मोह त्याग, जो सत - न्यासी बन जाता है।

सन्यासी बनकर, योगी पावन हो जाता है।

ईश्वर सभी प्राणियों के हृदय में सन्निवास करता है।

मोहित प्रत्येक जीव माया के, यंत्रयान पर चलता है। [39]

सारे कर्म अर्पित कर, जो खुद को भी अर्पण करता है,

शोक मुक्त होकर ही, वह परमपद पाता है।

अकर्म त्याग कर्म करे, त्याग भी उसको फलता है।

भवसागर भी होता पार, संसार - युद्ध विजयता है। [40]

कर्तव्य लक्ष्य है, कर्तव्य पथ है।

कर्तव्य विश्राम है, कर्तव्य अंत है।

कर्तव्य केंद्र है, कर्तव्य परिधि है।

कर्तव्य ही ईश्वर है और कर्तव्य ही स्वर्ग है। [41]

* * *

With the insight of Mahakali, abode of Saraswati,

Help of Sri Lakshmi and the faith of Srinivas.

For those who have read Gita, it's just a short,

For those who haven't, it is a start. [1]

Arjun said,

I don't want kingdom, I don't want war,

I don't want victory and bloodshed, I am not for.

This is my brother, this is my elder,

This is my friend, I don't mind surrender. [2]

What will be gained by shedding blood?,

I see everyone turning in flesh and mud.

My hands are shaking and legs tremble.

I abandon weapons, stand in middle. [3]

Shri Krishna said,

Why are you unstable in field of battle?

What is the sorrow, full of rattle?

What is the body? You think eternal?

Is it your weakness, which not let you settle? [4]

Leave the illusion and give up the pride,

Immortal I am, who live inside.

You can see yourself as body outside.

Open your conscious and see me hide. [5]

I am the one, who you should know.

I am eternal, who runs world's show.

I am in – out, up – below.

Stop thinking, so much low. [6]

One never gets wipe out, just pass by.

With body is visible, without body standby.

Childhood – youth – old age, one should not cry.

Heat – cold mortal, same sorrow – joy. [7]

The body is a garment, the soul a migrant.

Soul doesn't wet, dry, break, or burn.

This is the knowledge, everything to learn.

Do your duty, not expect any return. [8]

A 'dutiful' man is equal – firm, both in virtue – sin.

Steady in love – fear – anger, peaceful – stable within.

With the senses, attachment begin,

Restraining angers, then intellect ruin. [9]

A dutiful (karma-yogi) awakes even at night

Doubt makes anxious, belief delight.

Abandon desire – affection – pride.

Restrain makes emotions aside. [10]

Give up all doubts, carry on things,

Summer – fall – winter, followed by springs,

Some things are natural, one later wrong thinks.

With fault all begins, like in fire smoke blinks. [11]

Mind is strong, senses stronger,

Conscious control, makes peace linger.

With sin faiths die, With me revive.

I come to end up injustice, gentelmen survive. [12]

I told the sun first, who told man (Manu),

Truth is eternal, know one can.

Surrendering deeds, makes one contain.

Lust gets broken and wisdom reign. [13]

With dutifulness (karmayoga), you sacrifice deeds.

Doing nothing, nowhere leads.

Never wets in water, lotus leaves,

Attachment loses, detachment achieves. [14]

Abandon ego – anger – hatred, control the mind,

Remove the veil, make sun shine.

See scholar – animal – labour as one.

Be stable and live in fun. [15]

Dear-Unpleasant, lust- incense.

One who is constant, gods embrace.

One who sacrifices fruits of deeds,

Gods take over all his bids. [16]

Self less work (karma-yoga) is sacrifice.

Mind can best friend or worst vice.

I am in everyone, still concise.

Mind can catch me, not the eyes. [17]

One who thinks me, evil-mean may he be

Turns into a saint, misdeed free.

Saves his soul, starts foresee.

Enjoys heaven, in waves of sea. [18]

He who tries, becomes wisdom lit.

A dutiful beats ascetic and scientist.

One in a thousand tries, one knows this.

Material and senses are firepits. [19]

Conscious form is perceived as creation.

Matter seems unconscious in vision.

Nature takes birth from association.

In me like a thread, world is woven. [20]

I am the flow in water, word in heaven.

Glow in light, and link in transition.

Smell in earth, might in man.

Gravity in sages, seed in creation.

Unattached force, faith in ambition.

Fire in sun, Wisdom in situation.

Harmony – passion – chaos, in this illusion,

Derived from me but I am not in relation. [21]

Man in illusion is fool ignorant.

Four devotees are prevalent.

Wise – Greedy – curious – desparate.

First is prudent, Rest fruit expect. [22]

Fruitless worship is selfless joy.

Matter – creation – operation is a vibe.

Soul is inert, but body employ.

Fate is the nature, things can die. [23]

Man is creation, operator is god.

One who remembers me, goes at par.

After life destination is as per nature.

Detaching soul, dutifuls conquer. [24]

Everyone is reborn in world of spirit.

He who attains me, escapes circuit.

Life buds from unseen in cosmic light,

Life shrinks to unseen in cosmic night. [25]

One who attains me, never return,

Lose want, lose desire, so nothing to earn.

Those die in first lunar fortnight, adjourn.

Those die in second lunar fortnight, reborn. [26]

World ends and begins in me with ages.

Rebirth occurs with past influences.

I am free, not bound by deeds.

Wise don't forget me, fools don't realize. [27]

I am the Bearer – Father – Sustainer indeed.

I am the giver of the fruits of deed.

The hot sun, the pouring rain, the immortal and dead,

Worship with-without expect, I am receiver head. [28]

I accept leaves – flowers – water – fruits.

I give supreme power to feebles and weaks.

Then what is the doubt for follower pious.?

He who remembers me, surely conserves. [29]

Neither gods nor sages know my origin – act.

I am unborn – imperishable – eternal fact.

Soul in all life, conscience, onset – mid – finale.

'Sacred fig' in trees, 'celestial cow' in cattle. [30]

'Vishnu' in Aditi's sons, 'Shiva' in Rudras,

In Kshatriyas is 'Rama', in Daityas is 'Prahlad'.

A 'lion' in beasts, an 'eagle' in birds,

'Himalayas' in mountains, 'Ganges' in rivers. [31]

'Spirituality' in sciences, 'Vyasa' in the sages,

Wealth – light – energy, 'Shukra' among the poets.

Destroyer 'Mahakal', I am the destroyer of all,

Whether you fight or not, I have finished them all. [32]

But you are the symbol, go ahead and fight,

Without attachment, without excite.

Scriptures, formalities, charity, sacrifices limit.

Knowing me just requires devotion infinite. [33]

He who does deeds for me (karma-yogi).

Without enmity, gets soon free.

Good or bad before, may he be,

Dissolves ultimately in me. [34]

Knowledge than study, meditation than knowledge,

Renunciation of results, brings Peace and happiness.

This body is a field, the fielder should know place.

Nature and man with disorders is interlace. [35]

God is the only truth, eternal knowledge.

For a blind – closed eyes, gate also is blockage.

I and my nature draw, world is an image.

We produce together, to run the mileage. [36]

Harmony – Passion – Chaos, three traits conform.

Once come out of this, you will see my true form.

Root above, branch below, tree of life upside down.

Seed from God, spreads out and life transform. [37]

Abandoning lust – anger – avarice.

Knowledged life (Jnana yoga) is free of guise.

Donation without faith is entice.

Does not count on earth and skies. [38]

Give up desires, make yourself clean

Dutiful soul (karma-yogi) is most supreme.

God resides in heart of all, brain keeps wandering.

Lack of knowledge is the root of whole suffering. [39]

While doing all duties, one who himself alm,

He is freed from grief, I give him supreme form.

Only duty is in your hand, keep doing it with calm.

World is at war as usual, 'dutifulness' is the charm. [40]

Duty is path, duty is aim.

Duty is rest, duty is end.

Duty is periphery, duty is center.

Duty is god, and duty is heaven. [41]

* * *

www.ingramcontent.com/pod-product-compliance
Lightning Source LLC
Chambersburg PA
CBHW040743120726
48007CB00007B/81